작은 감사
큰 행복

작은 감사
큰 행복
ⓒ 생명의말씀사 2007

2007년 11월 9일 1판 1쇄 발행
2015년 4월 10일 8쇄 발행

펴낸이 | 김재권
펴낸곳 | 생명의말씀사

등록 | 1962. 1. 10. No.300-1962-1
주소 | 서울시 종로구 경희궁1길 5-9(110-062)
전화 | 02)738-6555(본사) · 02)3159-7979(영업)
팩스 | 02)739-3824(본사) · 080-022-8585(영업)

지은이 | 전광

기획편집 | 유선영, 문효진, 박보영
디자인 | 조현진, 백선웅
일러스트 | 이승애
인쇄 | 영진문원
제본 | 정문바인텍

ISBN 978-89-04-15735-8 (03230)

저작권자의 허락없이 이 책의 일부 또는 전체를
무단 복제, 전재, 발췌하면 저작권법에 의해 처벌을 받습니다.

감사하는 하루가 모여
행복한 인생이 만들어집니다

작은 감사 큰 행복

전 광 엮음

생명의말씀사

Prologue

감사의 씨앗을 배달하는 우체부

미국 샌프란시스코의 로스알데 힐이라는 작은 마을에 요한이라는 우체부가 있었습니다. 그는 젊은 시절부터 마을 부근 약 50마일의 거리를 매일 오가며 우편물을 배달했습니다.

어느 날 문득, 요한은 흙 먼지가 뿌옇게 이는 황량한 거리를 바라보며 서글픈 생각에 잠겼습니다.

'지금까지 하루도 거르지 않고 비가 오나, 눈이 오나, 바람이 부나 이 길을 걸어왔는데, 앞으로도 남은 인생을 이렇게 황량한 거리에서 보내야 하나……'

꽃 한 송이 없는 황량한 들판에서 자신의 인생이 이렇게 무의미하게 끝나버릴지도 모른다는 생각에 가슴이 답답했습니다.

그런데 한참을 길을 걷다 문득 이런 생각이 떠올랐습니다.

"어차피 나에게 주어진 일이라면

그것이 매일 반복된다고 해서 무엇이 걱정인가?

감사하는 마음으로 맡겨진 일을 하면 되지.

황량한 길을 아름다운 꽃길로 만들면 되지 않은가!"

그는 다음 날부터 야생화 꽃씨를 주머니에 가득 넣어 우편배달을 하는 짬짬이 꽃씨들을 거리 곳곳에 뿌렸습니다. 그 일은 그가 50마일의 거리를 오가는 동안 쉬지 않고 계속되었습니다.

그날 이후 요한은 콧노래를 흥얼거리며 우편물을 배달하게 되었습니다. 마침내 그가 걷는 길 양쪽에는 노랑, 빨강, 분홍의 꽃들이 이른 봄에서 늦가을까지 쉬지 않고 피어났습니다.

봄에는 수선화, 제비꽃이 활짝 피어났고, 여름에는 패랭이꽃과 팬지, 가을이면 코스모스와 국화꽃이 마을거리를 아름답게 물들였습니다.

그 꽃들을 바라보며 요한은 더 이상 자기의 인생이 무의미하다고 여기지 않게 되었습니다. 휘파람을 불며 50마일의 거리에 이어진 울긋불긋한 꽃길을 따라 우편물을 배달하는 그의 뒷모습을 상상만 해도 입가에 웃음이 번집니다. 한 폭의 아름다운 풍경이 아닐 수 없습니다.

저 역시 요한의 마음처럼 황량한 인생길에서 제 인생을 돌아보며 남은 인생을 생각해 보았습니다. 감사 없는 인생에서 날마다 감사하는 인생을 꿈꾸며 감사의 바구니 속에 작은 감사거리를 찾아 담아보게 되었습니다. 오래가지 않아 감사의 바구니는 넘쳤고, 차츰 제 인생도 감사로 물들여지는 것을 느끼게 되었습니다.

누구나 우체부 요한처럼 감사의 씨앗을 배달하는 사람이 될 수 있습니다. 감사의 씨앗을 뿌린 만큼 분명 우리 주변은 아름다운 꽃과 열매들로 가득하게 되고 감사하는 인생으로 바뀌게 될 것입니다.

작은 것을 감사하는 사람이 가장 행복한 사람임을 잊지 않는 인생이 되길 소망합니다.

전 광

Contents

프롤로그 - 감사의 씨앗을 배달하는 우체부 5
감 사 - 김현승 14

특별한 생일 선물 16
안드레아의 수표 18
황소와 무 21
감사는 미루지 않는 것 24
감사기도의 위력 25
어머니의 걱정 28
기적의 단비 30
벼룩으로 인한 감사 32
억만장자 하아디의 십일조 34
감사 노트가 준 선물 37
날마다 감사하는 삶 12계명 40

눈물의 졸업장 42
멕시코 마을의 불평 44
좋은 것과 나쁜 것 46
결혼 예물과 등록금 48
매튜 헨리의 감사 52
감옥에서의 감사 53
감사하면 건강해집니다 55
나 남이 없는 것 있으니 57
어리석은 소녀의 불평 62
일할 수 있어서 감사해요 63
아버지의 칠순 감사 10가지 66

제일 작은 빵 68
지미 카터의 식탁 기도 70
잠 많은 아내 72
한 노인의 도서 기증 74
감사의 방법 76
부흥하는 교회 77
감사절의 유래 79
이발소에서 생긴 일 82
재미있는 감사헌금 84
미리 염려하지 말라 86
감사 인사 88

감사의 돌다리 90

휘발유가 떨어져서 감사해요 92

의족으로 전한 복음 93

유일한 감사의 대상 95

아름다운 순교 97

페니 회장의 문제 해결 철학 99

투병 중에 감사 101

하나님을 신뢰할 수 있는 기쁨 104

Try Thanksgiving! 106

100달러 실험 108

가시 감사하는 법 110

현대판 베드로의 기적 112

화니 크로스비의 감사 115

행복은 감사하는 마음속에서 자란다 118

마지막 남길 말 120

33센티미터의 감사 121

알렌 선교사의 헌신 123

절망을 뛰어넘는 감사 125

항상 감사하세요 127

믿음의 눈으로 바라보라 129

무명 시인의 감사기도 131

행복에 이르는 길 133

감 사

김 현 승

감사는
곧
믿음이다.

감사할 줄 모르면
이 뜻도 모른다.

감사는
반드시 얻은 후에 하지 않는다.
감사는
잃었을 때에도 한다.
감사하는 마음은
잃지 않았기 때문이다.

감사는
곧
사랑이다.

감사할 줄 모르면
이 뜻도 알지 못한다.

사랑은 받는 것만이 아닌
사랑은 오히려 드리고 바친다.

몸에 지니인
가장 소중한 것으로
과부는
과부의 엽전 한 푼으로,

부자는
부자의 많은 寶石(보석)으로

그리고 나는 나의
서툴고 무딘 訥辯(눌변)의 詩로

특별한 생일 선물

어느 주일날 예배가 끝난 후 한 성도가 담임 목사님을 찾아왔습니다.

"목사님, 생일 축하드립니다."

그분은 목사님께 조그마한 선물을 건넸습니다.

목사님은 당황하며 말했습니다.

"죄송합니다만 제 생일은 벌써 지났는 걸요."

그러자 그분이 미소 띤 얼굴로 말했습니다.

"목사님, 사실은 제 생일이에요."

"아니, 성도님 생일이면, 제가 선물을 드려야지 어떻게 제가 선물을 받습니까?"

"오늘이 마침 제가 이 교회를 출석해서 예수님을 영접하고 구원받은 지 꼭 1년이 되는 날이에요. 그동안 저를 귀한 말씀으로 풍족히 채워 주시고 기도해 주셔서 감사합니다. 저의 신앙이 잘 자라도록 도와주신 고마움을 어떻게 전할까 고심하다가 이렇게 작은 선물을 준비했어요. 보잘것없는 선물이지만 제 정성을 생각해서 받아 주세요."

목사님은 가슴이 뭉클했습니다. 1년간 말없이 자신을 따라 주고 성실하게 신앙생활을 해 준 성도가 오히려 고맙다는 생각이 들었습니다. 그리고 이런 뜻밖의 선물을 받게 되니 몸 둘 바를 몰랐습니다. 자신의 생일날 다른 사람에게 감사의 마음을 전하며 선물을 전하는 그분의 고운 마음씨에 감동을 받은 목사님은 다음 해에 돌아올 자신의 생일날에는 선물을 반기보다 고마운 분에게 선물을 해야겠다고 마음먹었습니다. 그것이 더 행복한 일임을 깨닫게 된 것입니다.

안드레아의 수표

안드레아는 날마다 주문을 외우듯 사용하는 단어가 있습니다. 그것은 바로 '감사합니다'라는 축복의 단어입니다. 그녀가 '감사'라는 단어를 사용하게 된 것은 첼리 캠벨 박사가 주관하는 세미나에 참석하고 난 후부터였습니다. 강사인 캠벨 박사는 "현재 자기가 소유하고 있는 것에 감사할 줄 모르는 사람은 갖고 싶은 것을 소유해도 감사하지 못한다."고 말하면서 구체적으로 '작은 것에서부터 감사의 마음을 실천에 옮길 것'을 권유했습니다.

그녀는 마침 약혼남 앤드류와 아파트 임대 계약을 앞두고 있었습니다. 앤드류는 계약을 꼭 성사시키고 싶은 마음에 정성을 들여서 관련 서류를 준비했습니다. 그러나 그는 서류를 준비하면서 경쟁률이 무려 75대 1이라는 사실을 알게 된 후 절망하며 말했습니다.

"안드레아, 아무래도 아파트 당첨은 불가능할 것 같아. 경쟁률이 생각보다 너무 높아."

그의 목소리에는 기운이 하나도 없었습니다. 하지만 안드레아는 세미나에서 배운 대로 작은 것에도 감사하기로 했습니다. 그녀는 아파트 신청 서류와 함께 제출하는 보증금 수표에 '감사합니다'라는 글씨를 정성스럽게 적어 넣었습니다. 그것도 아주 큼직한 글씨로 느낌표까지 달아서 말입니다. 당첨이 되든 안 되든 이런 기회를 가지게 된 것만으로도 감사하자고 생각했습니다.

앤드류는 안드레아의 행동이 이상하게 여겨졌습니다.

"지금 뭐 하는 거야. 사람들이 보면 비웃을지도 몰라."

"괜찮아요. 이번에 안 되면 또 다른 기회가 오겠죠. 우리 처음부터 낙심하지 말고 그냥 지금의 상황에 감사해요. 혹시 알아요? 이 '감사합니다'라는 말이 뜻밖의 행운이 되어 우리에게 돌아올지……."

앤드류는 그녀의 행동이 탐탁하게 여겨지진 않았지만, 손해 볼 것은 없으니 그냥 내버려 두었습니다.

이틀 후에 앤드류에게 계약이 성사되었다는 전화가 걸려 왔습니다. 그런데 놀랍게도 계약이 체결된 이유가 수표에 적힌 '감사합니다!'라는 글 때문이라는 것이었습니다. 그것을 본 주인의 마음이 움직였고, 계약이 성사된 것이었습니다. 그 소식을 전하는 매니저 또한 '감사합니다!'라는 글귀를 보고 하루 종일 기분이 상큼했다고 고맙다는 인사까지 전했습니다. 이 일이 있은 후에 안드레아뿐만 아니라 앤드류도 '감사'를 생활 속에서 실천하는 사람이 되었습니다.

황소와 무

옛날 어느 마을에 마음씨 착하고 부지런한 농부가 살고 있었습니다. 농부는 무 농사가 너무 잘되어서 장정 허벅지만한 무를 수확했습니다. 그는 농사가 잘된 것이 고을 원님이 마을을 잘 다스린 덕분이라 생각하고, 무를 정성껏 포장해서 원님께 갖다 드렸습니다. 원님은 매우 기뻐하며, 하인에게 요즘 관가에 들어온 것 중 가장 좋은 것을 가지고 오라고 했습니다.

그러자 하인은 큰 황소 한 마리를 가지고 왔습니다. 원님은 기특한 농부에게 황소를 선물로 주었습니다. 이렇게 해서 마음씨 착한 농부는 무 한 개를 바치고, 값 나가는 황소 한 마리를 얻게 되었습니다.

이 소문이 온 마을에 퍼지게 되자, 그 마을의 욕심 많은 농부가 꾀를 내었습니다. '무 한 개를 바치고 황소 한 마리를 얻었으니, 황소 한 마리를 바치면 땅 몇 마지기는 거뜬히 얻을 수 있겠지!'

그는 자기 집에서 애지중지 키우는 황소를 끌고 고을 원님을 찾아갔습니다.

"원님, 저는 오랫동안 황소를 길러 왔습니다만, 이렇게 크고 살진 황소는 처음입니다. 이것이 다 원님의 선정 덕분인 줄 압니다. 이 황소를 받아 주십시오."

원님은 이 말을 듣고, 감복하여 말했습니다.

"오, 그 마음이 갸륵한지고. 이봐라! 요즘 관가에 들어온 것들 중에 가장 좋은 것이 무엇이냐?"

하인은 얼른 대답했습니다.

"예. 며칠 전에 들어온 크고 잘 생긴 무가 있습니다."

원님은 그 무를 이 농부에게 선물로 주라고 했습니다. 욕심 많은 농부는 그만 가슴이 철렁 내려앉았습니다. 하지만 이미 때는 늦었습니다. 욕심 많은 농부는 무 한 개를 달랑 들고 집으로 돌아와야 했습니다.

진정한 감사는 대가를 바라는 것이 아니라 마음으로부터

우러나와야 하는 것입니다. 진심으로 감사하는 사람에게는 더 좋은 것으로 채워지지만 그렇지 못한 사람은 있는 것도 빼앗기는 것이 감사의 법칙입니다.

감사는 미루지 않는 것

"나의 어린 시절을 회상해 보면 굉장히
많은 사람들이
　나를 도와주었다는 것을 새삼 깨닫게 됩니다.
　그런데 나를 도와준 그 많은 사람들에게
　직접 감사를 표현하기도 전에
　그들 대부분이 세상을 떠난 것을 생각하면
　마음이 너무 아픕니다.
　내성적인 성격 탓에 제대로 감사의 마음을
　표현하지 못했던 것이 지금은 후회스럽습니다.
　감사란 잠시도 주저하거나 미루어서는 안 되고
　그때 바로 표현해야 합니다.
　그렇지 않으면 나중에 반드시 후회하게 될 것입니다."

― 슈바이처

감사기도의 위력

　　1620년, 청교도 102명이 신앙의 자유를 찾아 신대륙을 향해 떠났습니다.

　신대륙에 도착해서는 1년도 넘기지 못하고 그들 중 반 이상이 굶고 병들어 죽어갔습니다. 게다가 남아 있는 사람들마저 흉년과 전염병으로 고통을 당해야 했습니다.

　그러자 이들은 금식기도를 선포하고 하나님께 간절히 매달렸습니다. 그렇게 금식을 선포하고 기도한 것이 한두 번이 아니었습니다. 굶주린 배를 움켜쥐고 하나님 앞에 매달렸지만 여전히 상황은 바뀌지 않았습니다.

　"우리가 하나님 앞에 베옷을 입고 금식하면서, 좀 더 간절하게 부르짖으면, 하나님이 반드시 응답해 주실 것입니다."

그렇게 서로 격려하면서 금식기도를 놓고 의논하는 자리에서 어떤 사람이 이런 제안을 했습니다.

"지금까지 우리는 여러 차례 금식을 하며 하나님의 도움을 간구했습니다. 제 생각에는 어려울 때마다 금식기도를 하는 것은 하나님께 불평하는 것이나 다름 없는 것 같습니다. 이제 달리 생각했으면 합니다.

흉년이 들고 형제 자매들이 병으로 쓰러지는 어려운 상황이지만 그래도 감사할 것이 있다고 생각합니다. 비록 식량이 풍족하지 못하고 여건도 유럽에서 생활할 때보다 편하지는 않지만 우리에게는 신앙의 자유가 있고 정치적인 자유가 있습니다.

게다가 우리 앞에는 광활한 대지가 펼쳐져 있고, 마음 맞는 이웃들과 함께 하고 있습니다. 그러니 금식 대신 감사 기간을 정해 놓고 하나님께 감사기도를 드리면 어떨까요?"

이 제안은 참석한 많은 사람들에게 깊은 공감을 불러일으켰습니다. 그래서 금식 대신 감사 주간을 선포하고 하나님 앞에 감사로 나아갔습니다.

이렇게 해서 시작된 추수감사 축제가 오늘의 미국을 있

게 한 원동력이 되었습니다. 그 후로 신앙의 선조인 청교도들의 입에서 가장 많이 흘러나오는 언어는 "Thank God, Thank You! 하나님, 감사합니다. 당신께 감사합니다!"가 되었습니다.

어머니의 걱정

어느 시골 마을에 두 아들을 둔 나이 든 어머니가 살고 있었습니다. 한 아들은 우산 장수이고, 다른 아들은 짚신 장수였는데, 모든 부모가 다 그렇듯 이 어머니도 매일 걱정 근심으로 울상이었습니다. 비가 오는 날이면 짚신 장수 아들이 걱정이고, 해가 쨍쨍 내리쬐는 날이면 우산 장수 아들이 걱정이었습니다. 그래서 하루도 걱정이 떠날 날이 없었습니다. 이것을 지켜보던 이웃집 사람이 딱하게 여겨 이렇게 충고했습니다.

"비가 오는 날이면 우산 장수 아들이 돈 벌 것을 생각하고, 해가 쨍쨍 내리쬐는 날이면 짚신 장수 아들이 돈 벌 것을 생각하세요."

어머니는 이웃집 사람의 말을 듣고 보니 그 말이 맞는 것

같았습니다. 그래서 생각을 바꿨더니 날마다 감사하고 행복하게 되었습니다. 현실은 전혀 달라진 것이 없지만 마음 자세를 바꾸니 감사할 수 있게 된 것입니다.

기적의 단비

    1874년부터 1877년까지 3년에 걸친 극심한 가뭄으로 미국 동부의 미네소타 주는 그야말로 죽음의 땅으로 변했습니다. 설상가상으로 엄청난 수의 메뚜기 떼까지 몰려와 가뭄 속에서 겨우 살아 남은 농작물들마저 갉아먹는 최악의 상황에 처하게 되었습니다. 농가들은 물론, 주 전체가 대공황 사태에 빠져들었습니다. 주민들을 더욱 힘들게 했던 것은 미래에 대한 두려움이었습니다. 이러한 극심한 상황을 목전에 두고, 1877년 4월 27일 필스버리 주지사의 연설은 주민들을 감동시켰습니다.

    "우리에게는 아직 희망이 있습니다. 하나님께서 이런 시련을 통해 반드시 더 좋은 것을 주실 것입니다. 비록 농사는 망쳤지만 건강하게 살아 있는 것을 감사하고, '고통의 날'인

오늘을 '감사의 날'로 정한 뒤 한 목소리로 하나님께 감사기도를 합시다."

미네소타 주민들은 주지사의 간곡한 호소를 받아들여 가정과 교회의 크고 작은 모임에서 한결같이 감사기도를 드렸습니다. 이날 이들이 합심하여 드린 기도는 생명을 걸고 하나님께 드린 간절한 기도였습니다.

그런데 정말 그날 이후 믿기 어려운 기적이 일어났습니다. 들판을 가득 메웠던 메뚜기 떼들이 일제히 사라졌고, 메말랐던 대지에 단비가 촉촉이 내리기 시작했습니다. 그들은 입을 모아 하나님이 자신들의 감사기도를 들으시고 내려주신 축복이라고 기뻐했습니다.

벼룩으로 인한 감사

<피난처>라는 책을 쓴 화란의 코리텐 붐 여사는 단란한 가정에서 자라났습니다. 그러다가 나치 독일에 의해 나라가 정복되자 유태인을 숨겨 준 죄목으로 동생 베시와 함께 수용소에 감금되어 온갖 고초를 겪었습니다. 무엇보다 그녀의 큰 고통은 성경을 읽지 못하는 것이었습니다.

어느 날 신체검사를 받는 중에 한 그리스도인 간호사를 통해 그렇게 갖고 싶었던 성경을 손에 넣을 수 있게 되었습니다. 그녀는 간수의 눈을 피해 날마다 성경을 읽다가 하루는 "범사에 감사하라"(살전 5:18)는 말씀이 눈에 들어왔습니다. 그 말씀은 그녀의 마음속에 깊이 새겨졌습니다.

그로부터 얼마 후, 그녀는 동생 베시와 열악한 감방으로 옮기게 되었습니다. 감방은 수용소와는 비교도 할 수 없을 만큼 음식도 잠자리도 최악이었습니다. 고생도 이루 말할 수 없이 심해 생지옥이나 다름없었습니다. 감방을 옮긴 후에 그녀는 도저히 감사할 수 있는 마음이 생기질 않았습니다. 비참함이 이루 말할 수 없었습니다. 벼룩까지 들끓어 하루하루가 고통이었습니다. 동생 베시는 이런 비참한 환경까지도 감사하라고 했습니다. 그러나 그녀는 그것만큼은 인정할 수 없었습니다.

"범사에 감사하라"는 말씀은 머릿속에서만 맴돌았지 삶에서 지킬 수 없는 말씀처럼 느껴졌습니다. 이런 끔찍한 상황에서 감사할 수 있다는 것은 불가능하게 여겨졌습니다. 그런데 동생 베시가 눈을 감고 나지막하게 기도를 드렸습니다.

"주님, 우리에게 벼룩을 주신 것을 감사합니다."

코리는 할 수 없이 "아멘" 했습니다. 그런데 얼마 안 가서 그녀는 벼룩으로 인해 감사해야 할 이유를 깨닫게 되었습니다. 벼룩 때문에 그 감방 주위에는 간수도, 독일 군인도 얼씬하지 않았습니다. 그 덕에 그들은 자유롭게 성경을 읽으며 교제를 나눌 수 있었고, 다른 사람들에게도 하나님의 말씀을 전할 수 있었습니다.

억만장자 하아디의 십일조

하아디라는 미국의 억만장자가 있었습니다. 그는 아무것도 부족한 게 없어 보였습니다. 매일 승승장구하는 삶을 살면서 그렇게 사는 것이 당연하다고 여겼습니다. 그래서 교회에 다녀도 감사하다는 생각이 없었고, 십일조도 하지 않았습니다.

그러던 그가 처절한 실패를 맛보고 수천만 달러의 빚을 지게 되었습니다. 그러자 절망감으로 교회를 찾아갔습니다. 예배당에서 그가 한참을 울고 있을 때 목사님이 다가와 기도해 주면서 어떤 상황에서도 감사해야 된다고 했습니다. 한참 동안 감사할 조건을 생각했지만 도무지 감사할 것이 없었습니다. 할 수 없이 그는 그냥 "감사하다."는 말을 끊임없이 반복하며 기도했습니다. 바로 그때 성령의 감동을 받아 눈물이 쏟아지기 시작했습니다.

"주님, 지금까지 저의 사업을 지켜 주신 은혜를 감사합니다. 실패했어도 다시 일어설 수 있는 건강을 주셔서 감사합니다. 힘든 가운데도 사랑하는 아내와 아이들이 함께할 수 있어서 감사합니다……."

그렇게 한 시간쯤 감사하고 일어선 그는 십일조를 작정했습니다. 기업의 경영 원칙을 보면 우선 부채를 갚고 나서 십일조를 하는 것이 원칙인데, 그는 빚더미 속에서 십일조를 시작했습니다.

그때 직원들이 입을 모아 말했습니다.

"사장님, 이것은 윤리 원칙에도 어긋납니다. 빚을 지고 있는 사람이 부채 상환을 우선적으로 해야지 십일조를 우선적으로 하는 것은 위선입니다."

그때 그는 이렇게 말했습니다.

"나는 지금 윤리적 원리보다 영적 원리가 더 중요합니다. 내겐 부채 상환보다 도덕적, 신앙적 상환이 더 중요합니다."

직원들이 놀라 물었습니다.

"무슨 말씀입니까? 사장님이 어디서 도적질이라도 하셨다는 겁니까?"

그때 하아디는 성경의 말라기를 펴놓고 말했습니다.

"나는 하나님의 십일조를 훔친 도적놈이었소."

그때부터 하아디는 입으로는 감사를 가장 많이 하는 사람, 손으로는 십일조를 가장 많이 드리는 미국 교회의 인물이 되었습니다.

감사 노트가 준 선물

어느 교회 목사님의 아내가 병원에서 위암 판정을 받은 후 입을 굳게 다물고 미음도 입에 대지 않았습니다. 그녀는 한창 나이에 이 지경이 된 것이 개척 교회 시절 극심했던 고생 때문이라는 생각이 들자 자연히 남편과 하나님에 대한 원망이 싹텄습니다.

아내와의 사이가 안 좋아지자 고민 끝에 목사님은 한 신학대학의 학장님을 만났습니다.

"목사님, 얼굴이 어둡군요. 무슨 일이라도 있나요?"

목사님은 아내의 위암 판정과 자신이 처한 형편을 이야기했습니다. 그러자 학장님이 한 가지 제안을 했습니다.

"노트를 한 권 사다가 아내에게 주세요. 그 노트에 감사할 일만 생각나는 대로 적어 보라고 해 보세요."

목사님은 즉시 노트와 볼펜을 사 들고 아내에게 갔습니다.

"당신은 지금이 감사할 수 있는 상황이라고 생각해요?"

아내는 날카로운 한마디를 던진 뒤 노트는 쳐다보지도 않았습니다. 목사님은 굳게 닫힌 아내의 마음을 달랠 길이 없어 힘없이 뒤돌아 병실을 나왔습니다. 목사님이 떠난 후 한참이 흐른 뒤 아내는 슬며시 남편이 놓고 간 노트를 펼쳤습니다. 그리고 하얗게 비어 있는 노트 위에 하나씩 적어 내려가기 시작했습니다.

아주 평범하고 작은 감사부터 적어 보았습니다. 감사할 일이 없을 것으로 생각한 아내의 감사 제목은 작은 노트를 빼곡히 채우고도 남았습니다. 자라오면서 자신에게 사랑을 쏟아 준 가족, 친구들, 가까운 이웃들, 힘겨운 목회 현장에서 함께 고통을 나누어 준 사랑하는 성도들……. 감사는 그칠 줄을 몰랐습니다.

그녀는 며칠 남지 않은 자신의 인생을 생각하니 가만히 앉아 있을 수만은 없었습니다. 그래서 가장 가까운 사람부터 찾아 나서며 감사의 인사를 하고 감사의 기도를 드리기 시작했습니다. 그 다음 날도, 또 그 다음 날도 사랑을 베풀어 준 사람들을 찾아 감사를 전했습니다. 그러자 점점 통증은 사라지고,

다리에 힘이 생겼습니다. 그렇게 몇 달이 흐른 뒤 병원에 가니 의사가 깜짝 놀라며 말했습니다.

"기적입니다. 암세포가 모두 사라졌습니다."

날마다 감사하는 삶 12계명

미국의 기독교 교단 중에 '그리스도 연합교회'라는 곳이 있습니다. 이곳에서는 하루에 열두 번의 감사를 한다고 합니다. 하루에 열두 번만 감사하게 되면 우리의 삶은 행복으로 가득 차게 될 것입니다.

1. 일어나서 – 새 날을 주심에 감사.

2. 아침 식사 – 음식을 보며 아내의 정성과 수고에 감사.

3. 일터에 가면서 – 일할 수 있는 건강 주심에 감사.

4. 직장에서 – 일하는 보람에 감사.

5. 일하면서 비판이나 압력을 받을 때 – 도전 주심에 감사.

6. 칭찬을 받을 때 – 만족함에 감사.

7. 점심에 – 대화할 수 있는 동료 주심에 감사.

8. 일과 후 – 작은 성취감에 감사.

9. 저녁에 – 한 상에 둘러 앉아 함께 식사할 수 있는 가족을 주심에 감사.

10. 신문, TV, 책을 보면서 – 여가를 주심에 감사.

11. 잠자리에서 – 하루를 평안하게 인도해 주신 은혜에 감사.

12. 꿈속에서 – 생명을 주신 은혜에 감사.

눈물의 졸업장

　　미국의 버지니아 주에 가난한 어머니와 아들이 살고 있었습니다. 목사였던 아버지는 일찍 세상을 떠나 어머니가 세탁이나 청소 등을 하며 아들의 학비를 조달했습니다. 아들은 어머니의 노고에 늘 감사하며 열심히 공부해서 프린스턴 대학을 졸업할 때 총장상을 받고 대표 연설까지 하게 되었습니다.

　아들은 연설 중에 어머니에게 감사의 마음을 전했습니다.

　"어머니 감사합니다. 어머니의 은혜로 졸업하게 되었습니다. 이것은 제가 받을 것이 아니고 어머니께서 받으셔야 합니다."

　아들은 총장으로부터 받은 금메달을 남루한 옷을 입은 어머니의 가슴에 달아드렸고 어머니는 감격의 눈물을 흘렸습니다. 이 모습을 보고 졸업식에 참석한 사람들은 모두 큰 감명을 받았습니다.

　아들은 졸업 후에 변호사와 교수를 거쳐 미국의 28대 대통령이 되었습니다. 그가 바로 민족 자결주의를 제창하고 노벨 평화상을 받은 월슨 대통령입니다.

멕시코 마을의 불평

　　멕시코에 온천과 냉천이 함께 솟아나는 신기한 마을이 있었습니다. 한쪽에서는 부글부글 끓어오르는 온천이 솟고 그 바로 옆에는 얼음같이 차가운 냉천이 솟아오르는 것이었습니다.

　동네 여인들은 빨랫감을 가지고 와 온천에서는 빨래를 삶고 냉천에서는 깨끗하게 헹구어 집으로 돌아가곤 했습니다. 이를 지켜본 관광객이 안내원에게 물었습니다.

　"여기 사람들은 찬물과 더운물을 마음대로 쓸 수 있어서 참 좋겠습니다. 이 마을 사람들은 특별히 하나님께 감사하고 있겠군요?"

　그러자 안내원이 말했습니다.

　"천만에요. 이 마을 사람들은 불평이 더 많습니다. 더운물과 찬물이 나오는 것은 좋은데, 빨래할 때 꼭 필요한 비누를 주지 않았다고 오히려 하나님께 불평을 한답니다."

좋은 것과 나쁜 것

배가 파선되어 표류하다가 무인도에 정착한 로빈슨 크루소는 하루하루의 생활에 대해 노트에 기록하기로 마음먹었습니다. 그는 노트의 한 면에는 긍정적인 생각들을 기록하고 다른 한 면에는 부정적인 생각들을 기록했습니다.

내가 외로운 섬에 던져진 것은 나쁜 것이었지만,
다른 사람들처럼 익사하지 않은 것은 좋은 것이었습니다.
내가 인간사회에서 추방된 것은 나쁜 것이었지만,
굶어 죽지 않은 것은 좋은 것이었습니다.
내가 옷이 없는 것은 나쁜 것이었지만,
옷이 필요 없을 정도로 날씨가 따뜻한 것은 좋은 것이었습니다.

나에게 방어도구인 무기가 없는 것은 나쁜 것이었지만,

나를 해칠 야수들이 없는 것은 좋은 것이었습니다.

내가 말할 상대가 없는 것은 나쁜 것이었지만,

하나님과만 대화할 수 있는 것은 좋은 것이었습니다.

배가 파선되어 멀리 항해할 수 없는 것은 나쁜 것이었지만,

파선된 배를 해안 가까이에 보내 주셔서 내가 필요한 것들을 구할 수 있었던 것은 좋은 것이었습니다.

크루소는 좋은 것과 나쁜 것을 모두 열거한 다음 이 세상에는 부정적인 일이든 긍정적인 일이든 너무 비참해서 감사할 수 없는 것은 아무것도 없다는 결론을 내렸습니다.

결혼 예물과 등록금

한 신혼부부에게 심각한 고민 하나가 생겼습니다. 8남매 중 일곱 번째인 아내의 여동생이 간호사 수업을 받는데 마지막 등록금이 문제였던 것입니다. 남편도 이미 아내의 고민을 알고 있었습니다.

"여보, 무슨 좋은 방법이 없을까요?"

아내가 말하자 남편도 고개만 갸우뚱하며 대답을 머뭇거렸습니다.

"글쎄, 우리가 뭐 가진 게 있어야지……"

남편은 며칠을 고민하더니 이런 제안을 했습니다.

"여보, 우리가 가지고 있는 결혼 예물을 팔아서 등록금을 마련하면 어떨까?"

아내는 남편의 말에 깜짝 놀랐습니다. 친정 동생 학비에

쓰려고 부부의 정표인 예물을 판다는 것이 왠지 마음에 걸렸습니다.

그런데 남편은 흔쾌히 말했습니다.

"처제를 돕는 방법은 그것뿐이야. 우리가 도와주자!"

온유하고 진실한 남편의 눈빛을 바라본 아내는 용기를 얻어 동의했고, 부부는 장롱 속 깊숙이 넣어 둔 패물들을 꺼냈습니다. 돈이 될 만한 패물은 금밖에 없었습니다.

금 13돈을 들고 부부는 동네 금은방으로 찾아갔습니다. 반짝거리는 금붙이들을 꺼내 놓은 아내는 아쉬운 듯 마지막으로 금 쌍가락지를 무명지에 살짝 끼워 보았습니다. 괜히 남편에게 미안한 마음이 들었고, 결혼 예물을 팔려니 서운한 생각이 들었습니다. 남편은 아내의 마음을 이해한다는 듯 말없이 어깨를 토닥거려 주었습니다. 이렇게 결혼 예물을 팔아 겨우 동생의 마지막 학기 등록금을 해결할 수 있었습니다.

그리고 나서 3개월이 흘렀습니다. 오랜만에 아내는 남편과 시내에서 외식을 하게 되었습니다. 매일 남편 돌아오기만을 기다리며 집에만 있는 것이 갑갑했는데 외출하니 기분이 좋았습니다. 그런데 막상 나가 보니 복잡한 도심 거리가 숨막히고 급기야는 현기증까지 났습니다. 부부는 저녁만 먹고

서둘러 집으로 돌아왔습니다.

그런데 이상하게 현관문이 열려 있었습니다. 안으로 들어온 순간 아내는 너무 놀라 남편의 등 뒤로 몸을 숨겼습니다. 잘 닫고 나간 안방 문이 활짝 열려 있었고, 방안은 온통 아수라장이었습니다. 제일 먼저 눈에 띄는 것은 예물을 담았던 빈 상자였습니다. 버릴까 하다가 서운한 마음에 신문지에 싸서 원래 있던 장롱 밑에 그대로 두었는데, 그것이 삶은 조개처럼 입을 헤 벌린 채 나둥그러져 있는 것이었습니다.

"오, 하나님, 감사합니다!"

순간 아내는 온몸에 전율을 느끼며 하나님께 감사를 드렸습니다. 만약 그때 동생의 어려움을 보고도 그냥 지나쳤더라면 결혼 예물이 어떻게 되었을까 생각하니 아찔했습니다. 예물도 잃어버리지 않고, 동생 등록금도 해결해 주신 주님께 감사기도를 드렸습니다.

며칠 뒤 동생으로부터 전화가 왔습니다.

"언니, 나야! 나 간호사 고시 1차 시험에 합격했어! 다 언니랑 형부 덕분이야. 고마워. 형부한테도 감사하다고 꼭 전해 줘."

아내는 순간 가슴이 뭉클해졌습니다. 이렇게 기쁘고 고마울 수가! 가난 때문에 고단하게 살았던 동생이 이젠 나이팅게일의 정신으로 고통 받는 이웃의 벗이 되고자 한 발 한 발 내딛고 있는 것을 보니 그저 감사할 뿐이었습니다.

아내는 2차 시험을 보려고 서울로 올라오는 동생을 맞이하기 위해 맛있는 생선찌개라도 끓일 생각으로 아껴둔 비상금을 챙겨 시장으로 향했습니다. 얼큰한 생선찌개를 유난히도 좋아하는 동생을 생각하며······.

매튜 헨리의 감사

매튜 헨리 목사는 잘 알려진 성경 주석가입니다. 어느 날 그가 밤거리를 걷다가 강도를 만났습니다. 그런데 그는 집에 돌아와서 다음과 같은 일기를 썼습니다.

나는 감사한다.
첫째, 지금까지 한 번도 강도를 만난 적이 없기 때문이다.
둘째, 내 지갑을 빼앗아 가긴 했지만 내 생명을 빼앗아 가지는 않았기 때문이다.
셋째, 내가 가진 걸 다 가져가긴 했지만 그건 그리 중요한 것이 아니기 때문이다.
넷째, 내가 강도가 아니라 강도를 당한 사람이었기 때문이다.

감옥에서의 감사

전 세계의 존경을 받는 넬슨 만델라 전 남아프리카공화국 대통령은 세계 정상 중 감옥에 가장 오래 있었던 사람입니다. 무려 27년간 감옥생활을 했다고 합니다. 그가 출옥할 때 사람들은 만델라가 아주 허약한 상태로 나올 것으로 생각했습니다. 그런데 나이가 70세가 넘었는데도 불구하고 그는 아주 건강하고 씩씩한 모습으로 걸어 나왔습니다.

취재를 하러 나온 한 기자가 물었습니다.

"다른 사람들은 5년만 감옥살이를 해도 건강을 잃어서 나오는데, 어떻게 27년 동안 감옥살이를 하고서도 이렇게 건강할 수 있습니까?"

그러자 그가 대답했습니다.

"나는 감옥에서 하나님께 늘 감사했습니다. 하늘을 보고 감사하고, 땅을 보고 감사하고, 물을 마시며 감사하고, 음식을 먹으며 감사하고, 강제노동을 할 때도 감사하고, 늘 감사했기 때문에 건강을 지킬 수 있었습니다."

그 후 만델라는 노벨 평화상을 받았고, 대통령에도 당선되었습니다. 감옥 밑바닥에서 감사가 일궈 낸 또 하나의 기적입니다. 감사하는 사람은 모든 위기 상황에서도 건강을 지켜 낼 뿐 아니라 모든 일들을 지혜롭게 잘 극복하고 마침내 별과 같이 빛나는 인생이 됩니다.

감사하면 건강해집니다

우리 몸에는 내장을 지배하는 자율신경이 있습니다. 자율신경은 교감신경과 부교감신경으로 구분되는데 교감신경은 주로 불안, 공포, 초조, 시기, 질투, 놀람, 분노, 욕심, 미워하는 마음이 있을 때 강하게 작용합니다. 그래서 교감신경이 작용하면 그 여파로 심장이 급하게 뛰고 소화불량이 되는 등 내장에 병을 초래합니다. 죄를 지었을 때 마음이 불안하고 가슴이 뛰고 손이 떨리는 것도 바로 교감신경 작용의 결과입니다.

이에 반해 부교감신경을 활성화시키면 건강해집니다.

감사하는 마음, 기쁜 마음, 아름다운 마음, 사랑하는 마음, 봉사하는 마음, 고마워하는 마음, 겸손한 마음, 남을 귀히 여기는 마음이 부교감신경을 자극하는 촉매제들입니다. 이 부교감신경이 자극되어야 육체가 건강해집니다. 그러니 모든 것에 감사하는 마음은 부교감신경을 대단히 자극해서 건강한 삶을 살도록 해줍니다.

나 남이 없는 것 있으니

"산소 호흡기를 달지 않고도 숨을 쉬고 살아 있음에 감사합니다."

뇌성마비 장애인 송명희 시인의 고백입니다.

송명희 시인은 태어날 때 의사가 실수로 뇌를 잘못 건드려서 뇌성마비가 되었습니다. 일곱 살 때까지 꼼짝하지 못하고 누워만 있었고, 열 살이 되어서야 숟가락을 겨우 쥘 수 있었습니다. 그러나 혼자서는 밥을 제대로 떠먹지 못해 부모님의 도움을 받아야만 했습니다. 그녀의 아버지는 폐결핵 환자로 경제적 능력이 전혀 없었습니다. 그녀와 가족들은 어두운 지하 단칸방에서 가난하고 비참한 생활로 하루하루를 이어갔습니다.

이런 상황에서 어떤 희망도 찾을 수 없었을 것입니다. 그녀는 부모님과 하나님을 수없이 원망했습니다. 자신의 운명을 저주하고, 몇 번이나 자살을 시도했습니다. 그러던 어느 날 17살이 된 그녀는 죽기 전에 하나님은 한 번 꼭 만나 봐야겠다는 생각이 들었습니다. 하나님이 계시다면, 왜 나를 이렇게 만들었고, 왜 이런 몰골로 세상을 살아야 하는지 따지고 싶었던 것입니다.

그녀는 작정하고 기도를 시작했습니다. 한 달쯤 지났을까, 어느 날 문득 누군가의 세미한 음성이 들려왔습니다.

"명희야! 네 몸이 온전했더라면 네가 나를 알았겠느냐? 두려워 말아라. 내가 너와 함께 할 것이다. 놀라지 말아라. 나는 네 하나님이니라. 내가 너를 굳세게 하리라. 참으로 너를 도와주리라. 참으로 나의 의로운 오른손으로 너를 붙들리라."

놀랍게도 이사야 41장 10절에 나오는 말씀으로 자신을 위로해 주시는 하나님의 음성이었습니다.

비로소 그녀는 주님의 커다란 사랑을 깨닫게 되었고, 그 사랑에 감사하고 감격했습니다. 그 후 그녀는 주님으로부터 받은 영감으로 수많은 감동의 시를 쓰게 되었습니다.

그녀의 대표작 가운데 수많은 사람들의 심금을 울리고 복음성가로도 불려 많은 사랑을 받고 있는 '나'라는 시가 있습니다.

나 가진 재물 없으나
나 남이 가진 지식 없으나
나 남에게 있는 건강 있지 않으나
나 남이 없는 것 있으니

나 남이 못 본 것을 보았고
나 남이 듣지 못한 음성 들었고
나 남이 받지 못한 사랑 받았고
나 남이 모르는 것 깨달았네

공평하신 하나님이
나 남이 가진 것 나 없지만
공평하신 하나님이
나 남이 없는 것 갖게 하셨네

그녀는 세상적인 눈으로 볼 때는 아무것도 가진 것이 없는 사람입니다. 하지만 하늘의 시인 송명희는 이렇게 고백하고 있습니다.

"내 몰골이 이렇게 참혹하고, 내 처지가 처절하다고 당신들이 나를 동정할지 모르지만 그러나 하나님께서는 나에게 당신들이 갖지 못한 세상에서 가장 소중한 것을 주셨습니다. 그러므로 나는 하나님께 감사합니다."

지금도 그녀는 자신이 지은 시로 수많은 사람들에게 감동을 주며 살고 있습니다. 그녀가 지은 시집만도 벌써 10여 권이 넘었습니다.

찬양 시인 송명희는 현재도 부자유스러운 몸으로 한 편의 시를 쓰기 위해 며칠간 온몸을 움직여 가며 고통스런 글쓰기를 하지만, 감사한 마음으로 영감이 묻어나는 아름다운 시들을 써서 세속에 찌든 우리에게 감동을 전해 주고 있습니다. 송명희 시인의 감사 고백입니다.

"전에 나는 왜 날 이렇게 만들었느냐고 하나님께 원망했던 사람이다. 그런데 그분이 왜 나를 이렇게 만드셨는지를 깨닫고나서부터 감사를 하게 되었다. 인생이 얼마나 장수하는가, 얼마나 가지고 누리는가에 참된 가치가 있지 않고 어떻게 사느냐에 달린 이상 나의 장애가 결코 감사 못할 선물이 아님을 알았다."

어리석은 소녀의 불평

미국 신문의 인기 있는 상담자인 아비 박사에게 15살의 소녀가 편지를 썼습니다.

"나는 불행합니다. 나는 독방도 없고 부모의 간섭은 심하며 나를 믿어 주지도 않습니다. 나를 좋아해 주는 남자도 없고 좋은 옷도 없습니다. 나의 장래는 암담합니다."

이것을 신문에서 읽은 13살의 소녀가 신문사에 이런 글을 투고했습니다.

"나는 걷지 못하는 소녀입니다. 사람이 보고 말하고 걷는 것이 얼마나 큰 행복입니까. 나는 걷지 못하지만 보고 듣고 말하는 것으로 내 다리의 불행을 대신 감사하고 있습니다."

일할 수 있어서 감사해요

　　　　　수건 공장에서 일하는 남자가 있었습니다. 명절 납품 마감으로 바쁜 어느 날, 그는 일이 너무 하기 싫고 쉬고만 싶었습니다. 당장 거래처에 납품해야 할 물품이 밀려 숨 한번 제대로 돌릴 여유조차 없었던 것입니다. 생산된 수건을 비닐로 포장하는 일을 손으로 직접 해야 하는데, 그 일은 몇 명의 아주머니가 맡아서 하셨습니다. 아주머니들 가운데는 일이 서투른 신참 아주머니들도 있어 그는 업무 중간중간 현장에 내려가 완성품 현황을 체크하곤 했습니다. 포장이 제대로 되지 않고 불량품이 나오면 그가 직접 방법을 가르쳐 주기도 했습니다.

　그런데 바쁜 상황을 아는지 모르는지 아주머니들이 수다를 떨며 쉬엄쉬엄 일하는 모습이 그의 눈에 들어왔습니다. 불쑥 짜증이 나고 화가 치밀어 한마디 내뱉으려는데, 한쪽에서 묵묵히 일하시는 아주머니가 눈에 띄었습니다. 그분은 귀가 잘 들리지 않는 분이었습니다. 손놀림은 빠른 편인데 포장이 서툴러 보였습니다. 그래도 손놀림 하나하나에서 정성이 느껴졌습니다.

그는 아주머니 옆으로 다가가서 방법을 가르쳐 주었습니다. 그러자 아주머니는 그의 어깨를 툭 치고는 자신의 귀를 가리키며 "내 귀가 들리지 않으니 크게 말해 달라."고 했습니다. 하지만 기계 소리 때문에 잘 알아듣지 못하셨고, 결국 글을 써 가며 목이 아파라 큰소리로 설명해야만 했습니다. 그제야 방법을 알았다는 듯 아주머니는 고개를 끄덕였습니다. 그는 아주머니 옆에 잠깐 앉아 함께 일하면서 물었습니다.

"회사까지 출근하려면 너무 멀고, 일도 힘들지 않으세요?"

그러자 아주머니는 "하나도 안 힘들어예. 이렇게 일할 수 있는 게 얼마나 다행인데예." 하며 환한 얼굴로 말했습니다. 그리고는 이보다 더 힘든 일도 수없이 많이 해 보았고, 세상에는 나보다 어렵고 몸이 더 불편한 사람도 많다며, 일을 할 수 있어서 얼마나 감사한지 모른다고 했습니다. 그는 아주머니의 말을 듣고 하루 종일 일하기 싫어 짜증만 부렸던 자신의 모습이 떠올라 순간 부끄러워졌습니다. 그는 자리에서 일어나면서 아주머니의 손바닥에 '쉬엄쉬엄 천천히 일하세요!'라고 적었습니다. 아주머니는 그에게 환한 웃음을 또 한번 선물해 주었습니다.

아버지의 칠순 감사 10가지

얼마 전 시골에서 아버지의 칠순 잔치가 열렸습니다. 그때 나는 '평생감사 칠순 잔치'로 현수막을 걸어 드렸습니다. 나는 아버지의 지나온 인생을 회고해 보면서 감사할 일들을 떠올리며 10가지 감사 제목을 적어 보았습니다. 그리고 참석했던 사람들 앞에서 아버지에 대한 나의 감사 제목을 함께 나누었습니다. 그 가운데 특별히 감사했던 것은 아버지께서 신앙을 가진 일이었고, 그 다음은 내가 청소년 시절, 아버지가 얼굴색이 새까맣게 변할 정도로 병색이 완연해 주변 사람들로부터 오래 살기 어렵다는 말을 들었음에도 불구하고 오늘까지 건강하게 살아 계신 것입니다. 곁에 있는 소중한 가족을 떠올리며 그로 인해 감사한 것들을 적어 보세요.

아버지의 칠순 감사 10가지

1. 아버지 칠순 잔치를 먼저 하나님께 예배드림으로써 영광 돌릴 수 있어서 감사.
2. 아버지와 어머니를 하나님의 자녀로 삼아 주셔서 감사.
3. 부모님 모두 건강하신 가운데 칠순을 맞게 하셔서 감사.
4. 두 분을 평생 해로하게 하셔서 감사.
5. 직접 운전하시고 서울의 자녀들 집에 다니시는 것 감사.
6. 한 교회에서 일평생 신앙생활 하시는 것 감사.
7. 4남매 모두 신앙생활 하는 것 감사.
8. 부모님이 자녀들에게 손 벌리지 않으시고 손자, 손녀들의 용돈을 직접 챙겨 주실 수 있는 경제력이 있으셔서 감사.
9. 2남 2녀 자녀들 모두에게 손자, 손녀 골고루 주셔서 감사.
10. 칠순 잔치 때 목사님과 교우 분들, 많은 하객들을 보내주셔서 감사.

제일 작은 빵

옛날 독일에서 있었던 이야기입니다.

어느 해 극심한 흉년이 들었습니다. 그래서 많은 사람들이 굶주리게 되었습니다. 그때 어떤 돈 많은 노부부가 날마다 빵을 만들어서 동네 아이들에게 나누어 주었습니다.

"자, 이 자루 속에 한 사람이 한 개씩 먹을 수 있는 빵이 있단다. 꼭 한 개씩만 가져가야 한다. 내일 오면 또 빵을 줄게."

아이들은 서로 조금이라도 더 커 보이는 빵을 차지하겠다고 소란을 떨었습니다. 그러나 한 여자 아이만큼은 예외였습니다. 그라첸이라는 이름의 그 아이는 언제나 맨 끝에 줄을 섰습니다. 자연히 그 아이에게 돌아가는 빵은 항상 제일 작은 것이었습니다. 아이들은 저마다 더 큰 빵을 차지하는 것에 정신이 팔려서 빵을 나누어 준 노부부에게 고맙다는 인사조차

하지 않았습니다. 그러나 그라첸은 제일 작은 빵을 받으면서도 언제나 잊지 않고 깍듯하게 노부부에게 감사하다는 인사를 했습니다.

그러던 어느 날이었습니다. 그라첸은 그날도 맨 끝에 서 있었습니다. 그 아이가 받은 빵은 다른 때보다도 유난히 더 작아 보였습니다. 그럼에도 불구하고 그라첸은 노부부에게 빵을 주셔서 감사하다는 인사를 잊지 않았습니다.

그라첸은 집에 돌아와서 빵을 먹으려고 한 입 베어 물었습니다. 그러다가 그만 외마디 비명을 지를 뻔했습니다. 깜짝 놀라 빵 속을 보니 금화 한 닢이 들어 있었습니다. 거기에는 쪽지도 함께 있었습니다.

"이것은 너처럼 작은 것도 잊지 않고 감사하는 사람을 위해 우리가 마련한 선물이란다."

지미 카터의 식탁 기도

지미 카터 전 대통령은 감사기도를 열심히 드리는 사람이었습니다. 그가 조지아 주 지사를 지낼 때의 일입니다.

손자 잭의 결혼식을 하루 앞두고 축하 피로연이 열리는 날이었습니다. 주지사의 관저에서 벌어진 결혼 축하연에는 각계각층의 인사들이 가득 모였습니다. 뷔페 식사가 마련되었고, 사람들이 식탁 앞으로 식사를 하려고 몰려왔습니다. 그때 카터가 자리에서 일어나 이렇게 말했습니다.

"여러분, 오늘은 제가 가족을 대표해서 이 두 사람을 위한 축복기도를 드리겠습니다. 다 함께 머리를 숙여 기도합시다!"

그리고 카터는 기도를 시작했습니다.

"아내와 저는 지금까지 멋진 식사를 아주 많이 해왔으며, 식탁에 둘러앉을 때마다 참으로 즐거운 시간을 가졌습니다. 하나님, 감사합니다. 이제 바라기는 주디와 잭이 식탁에 둘러앉을 때마다 우리가 가졌던 기쁨과 즐거움을 누리도록 축복하옵소서. 예수님의 이름으로 기도 드립니다. 아멘."

기도가 끝나자 옆에 있던 신문 기자가 카터에게 질문을 던졌습니다.

"어떻게 늘 식탁 앞에서 즐거울 수 있었습니까?"

"감사가 비결입니다. 주님께 대한 감사하는 마음이 늘 우리 식탁을 즐겁게 만들어 주었습니다."

잠 많은 아내

　　잠이 아주 많은 아내를 둔 남편이 있었습니다. 아내는 살림은 그런 대로 잘하는 편인데 잠이 좀 많은 것이 문제였습니다. 밤늦게 퇴근하고 돌아올 때면 반갑게 맞아 줄 때가 없고, 어떤 때는 하도 깊이 잠들어서 초인종을 계속 눌러대고 한참 동안 문을 두드려야 겨우 일어나 열어 줄 정도였습니다. 낮에도 시간만 있으면 잠을 잤습니다. 그런 아내에게 남편은 늘 핀잔만 주었습니다.

　"미련하게 잠만 자니 돼지처럼 살만 찌지."

　그런데 어느 날 같이 근무하는 직장 동료가 근심 가득한 얼굴로 한숨을 내쉬며 말했습니다.

　"아무래도 우리 아내, 정신 병원에 입원시켜야 할 것 같아. 처음에는 잠을 잘 못 자서 불면증에 시달리더니 점점 심해져서 이제는 정신이상 징후까지 나타나고 있어. 병원에서 입원하는 게 낫다고 하니……. 아이들은 누가 돌보고 그 많은 치료비는 또 어떻게 감당해야 할지 막막하기만 해."

이 말을 듣고 남편은 크게 깨달았습니다.

'잠 잘 자는 것도 복이구나.'

그날 저녁 선물을 한 아름 사들고 퇴근한 남편은 아내에게 선물을 건네주면서 말했습니다.

"여보! 잠 잘 자서 감사해. 피곤하다 싶으면 실컷 자."

영문을 모르는 아내는 어리둥절했습니다.

한 노인의 도서 기증

어느 대학 도서관에 한 노인이 도서를 기증했습니다. 그런데 그 노인이 기증한 도서들은 보관 상태가 별로 좋지 않았습니다. 대부분 찢어지거나 빛이 바래 어떤 것은 알아보기조차 힘들었습니다. 도서관 사서는 걸어나가는 노인의 등 뒤에서 큰소리로 불평을 하며 투덜거렸습니다.

"책을 기증하려면 좀 좋은 책을 기증하지, 꼭 걸레같이 아무 쓸모도 없는 책을 갖다 준담……."

마침 그 옆을 지나던 도서관 관장이 사서의 말을 듣고는 그에게로 다가왔습니다.

"이보게, 노인의 호의에 고마워하지는 못할망정 그런 식으로 불쾌한 반응을 보이다니. 우리 도서관의 이미지가 어떻게 되겠소? 당장 노인에게 사과를 하세요!"

이 말을 들은 사서는 잘못을 뉘우치고 노인에게 사죄를 했습니다. 그러자 그 노인은 도리어 감동을 받고 이렇게 말했습니다.

"당신과 도서관 관장님은 참으로 훌륭한 분들입니다. 사실 진짜 좋은 책은 내 집에 따로 보관되어 있습니다. 형편없이 낡은 책을 받고도 어떤 반응을 보일지 궁금했습니다. 평생 모은 책들이 너무 귀해 도서관이 어떤 곳인지 알고 싶어서 시험을 해 본 것이지요. 이제 나는 두 분 덕분에 안심하고 내가 아끼는 책들을 기증할 수 있을 것 같습니다."

며칠 후 노인은 그가 평생 모으고 아끼던 고서를 포함한 모든 장서들을 학교 도서관에 기증하였습니다.

감사의 방법

나와 가장 가까운 사람들부터 먼저 떠올려 보세요.

아내나 남편, 자녀들이나 부모님, 목사님이나 선생님, 친구들이나 동료들……

작은 도움이라도 받은 사람들에게 감사를 표현해 보세요.

메일로, 편지로, 전화로, 문자로, 선물로, 꽃으로…….

"감사합니다."라는 말은 나의 마음을 행복하게 만들고, 하나님을 영화롭게 하며, 축복을 만드는 언어입니다.

감사할 줄 모르면서 행복한 사람은 없습니다.

부흥하는 교회

　　　　미국의 세인트루이스를 여행 중이던 한 변호사가 주일 아침에 예배를 드리기 위해 교회를 찾고 있었습니다. 그러다가 교통순경을 만났습니다.

"수고하십니다. 다름이 아니라 이 근처 가깝고 좋은 교회를 찾고 있는데, 좀 가르쳐 주세요."

교통순경은 한 교회를 소개해 주었고, 변호사는 그가 가르쳐 준 교회를 찾아갔습니다. 그런데 가는 길에 몇 개의 교회가 있음을 알게 되었습니다.

'거리상 더 가까운 교회들이 있었는데 왜 이 교회들을 소개해 주지 않았을까?'

변호사는 예배를 마치고 돌아가는 길에 그 교통순경을 다시 만났습니다. 그는 교통순경에게 가는 길에 교회가 여러 개

있었는데 왜 굳이 그 교회를 소개했는지 이유를 물어보았습니다.

그러자 그가 대답했습니다.

"이 지역에 어느 교회가 좋은 교회인지 제가 직접 가 보지 않아서 잘 알지 못합니다. 하지만 주일 아침마다 교통 정리를 하면서 보니 그 교회에 다니는 교인들의 표정이 가장 밝아 보였답니다. 그리고 교통 정리하는 저에게 꼭 감사 인사를 했지요. 그래서 그 교회가 분명 부흥하는 좋은 교회라고 생각하고 자신 있게 소개한 것입니다."

감사절의 유래

감사절의 유래는 성경의 구약시대로 거슬러 올라갑니다. 이스라엘은 모세가 살던 시대 이후부터 하나님께 감사하는 마음으로 3대 절기를 지켰습니다. 유월절과 맥추절, 초막절이 그것입니다. 그들은 절기가 되면 모두 일손을 내려놓고, 예루살렘 성전에 모여 하나님께 감사했습니다. 하나님께서는 그들이 감사 절기를 지킬 때마다 큰 복을 허락해 주셨습니다.

유월절은 하나님께서 이스라엘 백성을 애굽의 노예생활에서 구원해 주신 것을 기념해서 드리는 절기입니다. 그들은 출애굽 할 때 급하게 나오느라 발효되지 않은 반죽을 가지고 나와 무교병을 만들어 먹었습니다. 무교병은 누룩이나 효모를 넣지 않고 만든 맛없는 빵인데, 그들은 7일 동안 발효되지 않은 딱딱하고 맛없는 무교병을 먹으면서 하나님의 구원 역사를 감사했습니다.

맥추절은 40년간 광야생활을 마치고 가나안 땅에 들어가서 농작물을 심어 첫 수확을 거둔 것을 기념하여 드린 절기입니다. 맥추절의 가장 중요한 의미는 첫 열매를 하나님께 드리는 것이었는데, 한 해의 전반기가 끝나고 후반기가 시작하는 7월 첫 주일에 전반기 6개월 동안 베풀어 주신 하나님의 은혜를 감사하면서 후반기 6개월도 지켜 주시기를 바라는 마음으로 드렸습니다.

초막절은 한 해의 수확을 마무리하고 1년간 농사 지은 수확을 드리는 절기입니다. 일 년 내내 농사를 잘 짓도록 이른 비와 늦은 비, 적당한 햇빛을 골고루 주시고 도와주신 하나님의 은혜를 감사하는 동시에 자녀들에게도 체험 학습을 통해 조상들이 광야에서 40년간 고생하며 지낸 것을 몸으로 느끼도록 교육시키고자 하는 절기입니다. 이때는 12살 이상 된 남자들은 모두 예루살렘 성전으로 모여, 그동안 복을 주신 하나님께 감사 예배를 드렸습니다.

하나님은 3대 절기를 집이 아닌 성전에 모이게 하셨고, 하루가 아닌 일주일씩 지키도록 '감사 훈련'을 시키셨습니다. 더욱이 유월절 기간에는 맛없는 무교병을 먹도록 하셨으며, 맥추절에는 가장 소중한 첫 수확을 드리도록 하셨고, 초막절에는 좋은 집을 떠나서 초라하고 불편한 장막생활을 체험하도록 하셨습니다. 딱딱하고 맛없는 눈물의 빵을 먹고, 광야 장막생활의 불편함을 몸으로 느끼고, 소중한 첫 수확을 하나님께 드림으로 진정한 감사를 배우게 한 것입니다.

감사의 마음은 눈물과 내어놓음과 불편함에서 시작되는 것입니다. 좋은 것의 소중함을 알기 위해 배고픔과 목마름과 종의 생활과 광야의 고독을 경험해야 된다는 것입니다. 결국 감사는 훈련이고 낮아진 자의 것입니다.

이발소에서 생긴 일

어떤 목사님이 이발소에 들러 이발을 했습니다. 이발사는 정성껏 목사님의 머리를 다듬었습니다. 이발을 끝낸 목사님은 감사하다고 인사하며 이발비가 얼마냐고 물었습니다. 그러나 이발사는 "목사님, 저는 하나님을 위해서 봉사했다고 생각합니다. 목사님에게 돈을 받을 수 없습니다."라고 말하며 한사코 돈을 받으려 하지 않았습니다. 목사님은 하는 수 없이 그냥 돌아갔습니다. 다음 날 아침 이발사가 가게 문을 여는데, 문 앞에 감사 편지와 꽃다발이 놓여 있었습니다. 목사님이 놓고 간 것이었습니다.

며칠 뒤 경찰관이 이발소를 들러 이발을 했습니다. 이발사는 이번에도 경찰관에게 "경관님, 저는 지역사회를 위해 봉사했다고 생각합니다. 경관님에게는 돈을 받을 수 없습니다."라고 말했습니다. 다음 날 아침 이발사는 경관으로부터 감사 편지와 도넛을 받았습니다.

그리고 또 며칠이 흘렀습니다. 이번에는 이발소에 한 상원의원이 찾아왔습니다. 이발을 끝낸 상원의원에게 이발사는 말했습니다. "이발비는 받지 않겠습니다. 저는 국가를 위해 봉사했다고 생각합니다." 상원의원 역시 그냥 돌아갔습니다.

다음 날 아침 이발소 문을 열려고 준비하던 이발사는 그만 깜짝 놀라고 말았습니다. 문 앞에 여러 명의 상원의원이 줄을 서서 자신을 기다리고 있었던 것입니다.

재미있는 감사헌금

어떤 목사님이 한 성도가 입원해 있는 병실을 심방하러 갔습니다. 그 성도는 맹장수술을 받고 누워 있었습니다. 수술은 잘되었지만 가스가 나오지 않아서 걱정을 하고 있었습니다.

맹장수술을 받고 방귀를 뀌어야 물을 마시거나 음식을 먹을 수 있었습니다. 만약 방귀가 나오지 않으면 나오기 전까진 아무것도 못 먹는 것입니다. 끝내 안 나오면 수술을 다시 받아야 한다는 말을 들은 성도는 걱정에 휩싸여 있었습니다.

"목사님, 방귀 좀 나오게 해달라고 기도해 주십시오."

당황한 목사님은 성도의 부탁이라 할 수 없이 기도했습니다.

"주님, 방귀가 나오게 해주십시오. 속히 나오게 해주십시오. 꼭 나올 줄 믿습니다."

목사님의 기도에도 불구하고 방귀는 나오지 않았습니다.

그리고 얼마 뒤 한 통의 전화가 걸려 왔습니다.

"목사님 나왔어요!"

병원 심방을 갔던 성도가 기쁜 목소리로 전화한 것이었습니다. 방귀가 나와서 음식도 먹게 되고 곧 퇴원도 할 수 있다는 소식을 전해 주었습니다.

"성도님, 축하드립니다."

축하의 인사를 전하자 성도가 말했습니다.

"목사님, 방귀가 이렇게 감사한 것인지 예전엔 미처 몰랐습니다."

그 다음 주일날 그 성도는 방귀가 나온 것을 감사하며 헌금을 드렸습니다.

미리 염려하지 말라

중국 주왕조 시대의 기 나라에 쓸데없는 걱정을 자주 하는 사람이 있었습니다. 그는 '만약 하늘이 무너지거나 땅이 꺼지면 어떻게 하지? 해와 달과 별들이 떨어지면 어디로 피하지?' 라며 안 해도 될 걱정을 하느라 밤잠도 설치고 음식도 제대로 먹지 못했습니다. 그것을 보고 있던 친구가 '저러다 죽지 않을까?' 하고 걱정을 했습니다. 지혜로운 친구가 보다 못해 그의 근심을 덜어 주었습니다.

"이보게 친구, 하늘엔 공기가 쌓였을 뿐이야. 그래서 공기가 없는 곳이 없지. 우리가 몸을 굽히고 펴고 호흡을 하는 것도 모두 하늘 안에서 하고 있다네. 그런데, 왜 하늘이 무너져 내린단 말인가?"

"하늘이 공기가 쌓인 곳이라면 해와 달과 별이 떨어져 내

릴 게 아닌가?"

"해와 달과 별이란 것도 역시 쌓인 공기 속에서 빛나고 있을 뿐이야. 설령 떨어진다 해도 다칠 염려는 없다네."

"그럼, 땅이 꺼지는 일은 없겠나?"

"땅은 흙이 쌓였을 뿐이야. 그래서 사방에 흙이 없는 곳이 없지. 우리가 뛰고 구르는 것도 늘 땅 위에서 하고 있지 않나? 그런데 왜 땅이 꺼진단 말인가? 그러니 이젠 쓸데없는 걱정은 하지 말고 편히 지내게!"

친구의 설명을 듣고서야 그는 비로소 마음을 놓았다고 합니다.

이 이야기에서 '기인지우(杞人之憂)'라는 고사성어가 생겨났습니다. '기우'라는 말은 쓸데없는 걱정을 뜻하는 말이지요. 쓸데없이 미리 염려하는 것은 시간 낭비이며, 불신앙에서 오는 것입니다. 하나님을 온전히 신뢰하지 못할 때 염려가 찾아옵니다.

감사 인사

가족끼리 감사의 인사로 하루를 시작해 보세요. 행복이 찾아오는 소리가 들릴 것입니다.

1. 우리 집에 태어나 줘서 감사해요.
2. 건강하게 자라 줘서 감사해요.
3. 음식 안 가리고 맛있게 먹어 줘서 감사해요.
4. 당신이 나와 함께해 줘서 감사해요.
5. 칭찬해 줘서 감사해요.
6. 설거지해 줘서 감사해요.
7. 아이들과 잘 놀아 줘서 감사해요.
8. 내 모습 그대로 사랑해 줘서 감사해요.
9. 따돌림 안 당하고 친구들과 잘 어울려 줘서 감사해요.
10. 늘 웃어 주어 감사해요.

감사의 돌다리

영국에 있는 어느 마을에 'God & me(하나님과 나)'라는 글씨가 새겨져 있는 돌다리가 있다고 합니다. 많은 사람들이 찾아오는 유명한 관광 명소인 이 돌다리에는 사연이 있습니다.

오래전 이 마을에 홍수가 났었습니다. 그런데 한 소녀가 교회에 가기 위해 나무다리를 건너다가 그만 나무다리가 떠내려가는 바람에 물 속에 빠지게 되었습니다. 그때 소녀는 하나님께 기도를 드렸습니다.

"만일 제가 살아난다면 이곳에 홍수에도 견딜 수 있는 튼튼하고 멋진 돌다리를 만들어 놓겠습니다."

기도가 끝난 뒤 놀랍게도 소녀는 기적적으로 살아났습니다. 소녀는 하나님과 한 약속을 지키기 위해 가정부 일을 하며 알뜰히 돈을 모았습니다. 돌다리를 만들기 위한 돈이 마련될 때까지 아무리 고단한 일들도 기쁘게 여겼습니다.

십 년 후에 마침내 돌다리를 놓을 수 있는 돈을 모은 소녀는 다시 고향으로 돌아왔습니다.

그리고 튼튼한 돌다리를 놓았습니다. 하나님과 내가 힘을 모아 놓은 다리라는 것을 기념하기 위해 다리 이름을 'God & me'라고 지었습니다. 지금도 그 다리를 건너는 사람들은 소녀를 생각하면서 감사의 신앙을 되새긴다고 합니다.

휘발유가 떨어져서 감사해요

어떤 부인이 "차에 휘발유가 떨어진 것이 얼마나 감사한지 몰라요."라고 말했습니다. 그러면서 부인은 덧붙였습니다.

"처음에 차에 휘발유가 떨어졌을 때 저는 투덜거렸죠. 왜 이 근방엔 주유소가 없을까 하고 말이에요."

의아하게 생각한 주위 사람들이 "그런데 갑자기 어떻게 감사한 일이 생겼죠?"라고 물었습니다. 부인은 이렇게 대답했습니다.

"어젯밤 차를 도둑맞았었거든요. 그런데 휘발유가 바닥나 있었기 때문에 도둑은 30미터쯤 끌고 가다 할 수 없이 차를 버려두고 도망친 거예요. 만일 휘발유가 많았으면 영영 차를 도둑맞고 찾지 못했을 거예요."

의족으로 전한 복음

한 미국 청년이 선교사가 될 것을 결심하고 대학의 신학과정을 마친 후 선교사 시험에 합격했습니다. 청년은 매우 기뻐하며 당장 옷과 구두를 준비하려고 시내로 나갔습니다. 그런데 그만 자동차 사고를 당하고 말았습니다. 그는 생명을 건지기 위해 한쪽 다리를 자를 수밖에 없었습니다. 의족을 하게 된 그는 크게 낙망하여 "하나님! 제가 선교사로 나간다는데 어찌하여 이런 사고를 당하게 하십니까?" 하고 울부짖었습니다.

얼마 동안 절망에 빠져 있던 그는 아프리카로 갈 선교사를 모집한다는 소식을 들었습니다.

'설마 나 같은 사람도 받아 줄까?' 하고 반신반의하는 마음이 들었지만 일단 신청해 보기로 결심했습니다. 며칠 뒤 합격 통보를 받은 그는 설레는 마음을 안고 마침내 아프리카의 선교사로 떠났습니다. 그런데 하필 그 마을은 식인종들이 살고 있는 마을이었습니다. 식인종들이 선교사를 보고는 좋은 먹이가 왔다고 달려들려 했습니다. 그러자 그는 자기의 의족인 고무다리를 빼 식인종에게 던져 주었습니다. 그것을 받아든 식인종들은 먹어 보더니 기겁을 했습니다. 그러고는 "신이 내려왔다!"라고 하면서 선교사 앞에 모두 무릎을 꿇었습니다. 덕분에 선교사는 원주민에게 쉽게 복음을 전하고 결국 선교에 성공하게 되었습니다. 원망의 대상이었던 의족이 나중에는 목숨을 살리는 감사의 도구가 된 것입니다.

유일한 감사의 대상

유명한 작곡가 조셉 하이든은 훌륭한 곡들을 많이 작곡했습니다. 하루는 어떤 사람이 하이든에게 물었습니다.

"당신은 그 놀라운 곡의 영감을 어디서 얻습니까?"

하이든이 말했습니다.

"바로 하나님이십니다. 나는 기도할 때마다 영감을 주신 하나님께 감사드립니다. 하나님이 내게 지혜를 주셔서 아름다운 음악을 작곡하게 되면 그것은 하나님의 영광을 위해 작곡한 것입니다. 나는 하나님의 영광을 위해서 이 곡을 주님께 드릴 것이라는 기도를 드립니다."

그가 작곡한 곡 가운데 유명한 '천지창조'가 비엔나에서 공연되던 날이었습니다. 그때 하이든은 몸이 아파서 환자로서 뒤에 앉아 있었습니다. 그날 지휘를 맡은 사람은 하이든의 음악을 정말 아름답게 하나님 앞에서 지휘했습니다. 연주가 끝났을 때 수많은 청중들이 열광적으로 기립 박수를 보냈습니다. 그때 지휘자는 청중들의 박수를 잠시 멈추게 하고 뒷좌석 발코니에 앉아 있는 하이든을 가리켰습니다.

"여러분, 박수를 받을 사람은 제가 아닙니다. 바로 저기에 앉아 계신 하이든입니다. 저분이 놀랍고 아름다운 곡을 만들었습니다."

사람들은 일제히 하이든을 바라보며 박수를 치기 시작했습니다. 그러자 하이든이 갑자기 청중들을 조용히 시킨 뒤 이런 이야기를 했습니다.

"저는 아무것도 아닙니다. 모두 하나님이 이루신 것입니다. 이 모든 것은 하늘로부터 온 것입니다. 주님께서 저에게 지혜를 주셨습니다. 그분께만 감사를 드려야 합니다. 감사를 받으실 유일한 분은 하나님이십니다."

아름다운 순교

　　　　　　황금의 입이란 별명을 가진 크리소스톰은 복음을 전하다 로마 당국에 체포되어 투옥되었습니다. 그는 하나님께 기도했습니다.

"하나님, 이 감옥에 저를 보내신 것은 이곳에도 복음을 들어야 할 사람이 있어 보내신 줄로 알고 감사합니다."

그는 감옥에서도 쉬지 않고 복음을 전했고, 결국 그 일로 왕의 미움을 더욱 사게 되어 사형언도를 받게 되었습니다. 그는 이렇게 기도했습니다.

"주님, 성도의 가장 아름다운 죽음이 순교라고 했는데 저 같은 사람을 순교자의 반열에 들게 하시니 감사합니다."

크리소스톰이 오히려 순교자의 반열에 들게 된 것을 기뻐하며 감사한다는 소식이 왕에게 전해지자 왕은 그가 순교자가 되지 못하도록 사형 중지 명령을 내렸습니다. 그때도 크리소스톰은 눈물로 기도했습니다.

"주님, 감사합니다. 아직도 종에게 할 일이 남아 있어서 살려 주심을 압니다."

페니 회장의 문제 해결 철학

'긍정적인 사고'로 널리 알려진 노만 빈센트 필 목사님이 백화점 업계의 대부 J. C. 페니를 만나 뉴욕의 아스토리아 호텔에서 인터뷰를 하였습니다.

"회장님은 오래 사신 만큼, 인생을 살아오면서 온갖 어려운 문제들을 겪으셨을 텐데, 회장님의 문제 해결 철학은 무엇입니까?"

페니의 답변은 신앙의 인물로서 그의 면모를 여실히 보여 주었습니다.

"목사님, 사실 저는 어떤 문제에 직면하면 먼저 하나님께 감사부터 합니다. 왜냐하면 문제를 하나하나 극복할 때마다 제가 더욱 강해지고, 앞으로 더 큰 문제를 해결할 준비를 갖추기 때문입니다. 말하자면 문제를 발판으로 더욱 성장하는 것을 믿기 때문이지요. 그러니 감사부터 하는 게 당연하지요!"

투병 중에 감사

이제 세상을 떠난 <빙점>의 작가 미우라 아야꼬의 <감사해요, 고마워요>라는 책에 이런 이야기가 실려 있습니다.

> 우리 부부는 날씨가 좋을 때면 산책을 즐기지만, 춥거나 흐릴 때면 집 안에서 서로 장난을 치며 시간을 보낸다. 다른 부부들도 이럴까?
> 그가 밝고 경쾌한 노래를 부르면 나는 그의 주위를 뱅뱅 돌면서 사뿐사뿐 춤을 춘다. 이렇게 노래를 하고 춤을 추다 지쳐 잠자리에 들 때마다 꼭 잊지 않고 하는 말이 있다.
> "오늘 수고 많았어요. 감사해요, 고마워요."
> 우리는 서로를 위로하며 손을 마주잡는다.

미우라 아야꼬는 평생 동안 병을 달고 살았습니다. 폐결핵, 척추카리에스, 파킨스병, 암 등 갖가지 희한한 질병을 인생의 벗 삼아 지냈습니다. 그러나 그녀는 고통 속에서 밝은 모습을 늘 잃지 않았으며 보석처럼 빛나는 작품들을 수없이 쏟아 냈습니다.

그녀는 아픔과 고통이 있었기에 기도가 있었고, 감사가 있었고, 찬양이 있었고, 신앙이 있었다고 고백합니다. 그 아픔과 고통 속에서 주옥 같은 작품들이 나왔고, 그 작품을 통해서 수많은 사람들이 주님을 만났고, 새로운 희망을 찾게 되었습니다.

미우라 아야꼬가 누워 있는 병실에는 다른 환자들도 많이 있었습니다. 그녀는 아픔 속에서 이런 생각을 했습니다.

'어떻게 하면 내가 이 사람들에게 주님을 드러낼 수 있을까?'

그녀는 기도하는 가운데 '비록 나는 아프지만 다른 사람들에게 항상 기쁨과 감사를 보여 주어야겠다.'고 다짐했습니다. 그때부터 그녀는 병실에 누워 있는 동안 아무리 아파도 짜증을 부리거나 남을 탓하지 않았습니다. 간호사가 오면 부드럽게 웃었고, 옆에 있는 사람들에게도 항상 감사의 말을 아끼지 않았습니다.

    미우라 아야꼬가 고통 속에서 암송한 시가 하나 있습니다. 제목은 '아프지 않으면'이라는 시입니다.

> 아프지 않으면 드리지 못할 기도가 있다.
> 아프지 않으면 듣지 못할 말씀이 있다.
> 아프지 않으면 접근하지 못할 성전이 있다.
> 아프지 않으면 우러러 보지 못할 거룩한 얼굴이 있다.
> 아아, 아프지 않으면 나는 인간일 수 없다.

하나님을 신뢰할 수 있는 기쁨

　　미국 상류층 사회에서 자라난 앤 저드슨은 1812년 결혼하자마자 위험과 고난이 따르는 선교사역을 위해 남편 아도니람과 함께 배에 올라탔습니다. 저드슨 부부는 개척 선교사로서 멀리 떨어진 버마로 향했습니다. 그들의 선교사역에는 너무나 큰 고통과 눈물과 희생이 동반되었습니다. 그들은 열대성 열병으로 수십 번 죽을 고비를 넘겼고, 그들의 자녀는 대부분 사산되거나 열병으로 먼저 하늘나라로 떠났습니다. 하지만 그들은 도저히 감사할 수 없는 상황에서도 하나님께 감사하며 고통을 이겨냈습니다. 앤의 일기를 보면 하나님만 의지하고 신뢰하려 했던 강한 믿음을 엿볼 수 있습니다.

우리 앞에 놓여 있는 불투명한 전망 때문에 며칠 동안 심한 고통 속에 빠져 있었다. 모든 사역들이 불확실 속에 놓여 있다. 내 앞에 놓여 있는 길이 캄캄하고 절망스러울 때, 믿음으로 하나님을 온전히 신뢰하는 일은 쉽지 않다.

그러나 만약 우리의 사역이 평탄하고 쉽다면 하나님을 신뢰할 여지가 어디에 있겠는가? 불평하거나 원망하지 말고 감사하며 기쁘게 찬양을 드리자. 하나님 아버지께서 우리가 인간적으로 의지하려고 하는 것들을 제거하셔서 나로 하여금 하나님만을 의지하도록 강권하신 것을 오히려 감사하자.

Try Thanksgiving!

중국에서 오랫동안 선교 사역으로 많은 영혼을 구했던 미국인 선교사 헨리 프로스트는 선교사역을 하다가 고통스러웠던 시절을 이렇게 회고했습니다.

"오랫동안 중국에서 선교하던 중 어느 날 갑자기 고향에서 슬픈 소식이 날아왔습니다. 내 영혼에 검은 그림자가 드리워졌고 아무리 기도해도 그 흑암의 그림자는 거두어지지 않았습니다. 슬픔과 절망에서 헤어나질 못했던 나는 문득 선교본부에 들렀는데, 그곳 벽에 걸려 있는 액자에 쓰인 글귀가 눈에 들어왔습니다. 'Try Thanksgiving(감사를 시도하라)'는 글이었습니다. 그 짧은 글은 나에게 큰 감동을 주었습니다. 그때부터 나는 하나님께 감사를 드리기 시작했습니다. 그러자 흑암은 물러가고 내 영혼에 찬란한 서광이 비추기 시작했습니다."

100달러 실험

　　　　　　어떤 사람이 한 달 동안 아주 특이한 실험을 했습니다. 어떤 마을의 일정한 구역에 속한 각 집에 아무런 조건 없이 매일 100달러씩 나누어 준 다음 그 결과를 관찰해 보는 것이었습니다.

　첫째 날 그가 집집마다 들러서 현관에 100달러를 놓는 것을 본 사람들은 그를 의심의 눈초리로 지켜보다가 멈칫멈칫 나와서 그 돈을 집어 갔습니다. 둘째 날에도 거의 비슷한 일이 벌어졌습니다. 그런데 셋째 날, 넷째 날이 되자, 사람들은 그 돈이 진짜 현금인 것을 확인한 후 날마다 100달러를 선물로 주고 가는 이상한 사람의 이야기로 떠들썩했습니다.

　2주 정도의 시간이 흐른 뒤 마을 사람들은 현관 입구에 직접 나와 돈을 나눠 주는 사람이 언제쯤 올까 기다리게 됐습니다. 3주쯤 되어서는 더 이상 그 사람이 돈을 주고 가는 것을 신기하게 생각하지 않았습니다. 4주가 되었을 때쯤은 매일 100달러씩 돈을 받는 것을 마치 세 끼 밥 먹고 세수하고 출근하는 것 같은 당연한 일로 받아들였습니다. 그들은 당연히 받을 돈을 받는 것처럼 여겼고 날마다 100달러의 돈이 계속 주어지자 일도 그만두고 100달러를 가지고 먹고 마시며 흥청망청 시간을 보냈습니다.

드디어 실험 기간이 끝나는 마지막 날, 그 실험을 계획했던 사람은 전과는 달리 마을 사람들에게 돈을 나눠 주지 않고 그냥 그 골목길을 지나쳤습니다. 그러자 예기치 못한 반응들이 여기저기에서 터져 나왔습니다.

마을 사람들은 문을 거칠게 열고 현관까지 나와서 성난 목소리로 "내 돈 안 주고 왜 그냥 지나갑니까? 빨리 돈 줘요! 내 돈······!"이라고 따져 묻기까지 하는 것이었습니다.

이처럼 감사하는 마음은 쉽게 잊어버리기 마련입니다. 평범한 일상이 얼마나 감사한 것인지 깨달을 때 행복은 곁에 있습니다.

가시 감사하는 법

1. 아픈데도 잘 참아 줘서 감사해요.
2. 시험에 떨어졌는데 포기하지 않고 다시 도전할 마음을 가져서 감사해요.
3. 명퇴를 당했지만 든든한 가족들이 있어 감사해요.
4. 외롭지만 성경 읽고 주님께 집중할 수 있어 감사해요.
5. 속 썩이는 자식을 통해 인생을 배우니 감사해요.
6. 경제적 어려움이 자식들 일찍 철들게 하니 감사해요.
7. 작은 집에서 살게 되니 청소할 것이 많지 않아 감사해요.

8. 잠시 외톨이가 되었을 때 내 성격의 나쁜 점을 알고 고칠 수 있게 되어 감사해요.
9. 교통사고로 다리 하나를 잃었지만 가족의 깊은 사랑을 느끼게 되어 감사해요.
10. 취업에 연속 실패한 자녀가 부모를 더욱 존경하게 되어 감사해요.

현대판 베드로의 기적

　2천 년 전 베드로에게 일어났던 기적이 경상북도 포항의 구계 교회의 한 집사님에게서 일어났습니다. 어부였던 집사님은 엄청난 방어 고기를 그물이 찢어지도록 잡은 것입니다. 다른 어부들의 그물에는 한 마리도 잡히지 않고 집사님의 그물에만 5-10킬로그램짜리 방어가 2,370마리나 잡혀 화제가 되었습니다. 방어 한 마리당 16만 9천 원을 받았기에 집사님은 한 번에 약 4억 7천만 원을 벌어드렸습니다.

　어장 안으로 물고기가 들어가려면 25미터의 수문 출입구를 통과해 160미터를 지나 1미터의 마지막 수문을 통과해야 합니다. 수문이 점점 줄어들어 어장 안에 갇혀지는 것이기 때문에 마지막 입구는 방어 한 마리가 겨우 들어갈 수 있는 정도입니다.

"원래 방어는 겨울에 잡히지 않아요. 주로 가을에 잡히는데 많이 잡아도 300-500마리가 기록이었죠. 더욱 놀라운 것은 이 날 다른 어장에 방어가 한 마리도 안 잡혔다는 거예요."

그의 인생은 방어로 인해 확 바뀌었습니다. 하나님이 살아 계시다는 것을 두 눈으로 똑똑히 확인했고 자신을 조롱했던 마을 사람들에게도 하나님의 살아 계심을 보여 주는 계기가 되었기 때문입니다.

"제 그물에 고기가 잡히지 않아 몹시 어려웠을 때 동네 사람들은 용왕님께 제사를 지내야 한다고 했지만 저는 베드로를 도와주셨던 하나님이 저도 도와주실 것으로 믿었습니다. 저는 방어한테 전도받은 사람입니다. 저는 고기를 잡으러 가는 게 아니라 하나님이 보내 주신 고기를 건지러 간다고 생각합니다. 그리고 비록 고기가 잡히지 않아도 하루하루 감사하는 마음으로 어려운 시기를 넘겼습니다."

그는 방어 떼로 벌어들인 돈으로 하나님께 감사의 십일조를 드리고, 특별 감사헌금을 해서 허름한 교회를 보수하도록 했습니다. 그로부터 한 달 뒤 또다시 기적이 일어났습니다. 이번엔 그의 그물망에 길이 5미터의 밍크고래가 잡힌 것입니다. 이번에도 해안선을 따라 늘어서 있는 어장 중에 그의 어장에만 걸려들었습니다. 그에게 일어난 기적은 여기서 그치지 않았습니다. 그의 사업장 옆에 있는 땅 500평 대지를 어떤 사람으로부터 기증받기도 했습니다.

평범한 어부였던 한 집사님에게 일어난 기적들은 어떤 순간에도 감사하는 마음을 가졌기 때문에 하나님이 역사하신 것이었습니다.

화니 크로스비의 감사

화니 크로스비는 시각장애인으로서 9천여 편에 달하는 찬송시를 쓴 사람입니다. 화니는 찬송시 작사가뿐만 아니라 시인이자 음악가로서도 기타와 하프, 오르간을 잘 연주하였습니다.

화니는 미국 뉴욕의 경건한 청교도 집안에서 태어났습니다. 그녀는 태어난 지 6주 만에 눈병을 앓게 되었는데, 마을에 의사가 없어서 다급한 나머지 무면허 의사에게 치료를 받는 바람에 각막에 심한 손상을 입고 실명하게 되었습니다. 그러나 화니는 평생 동안 그 의사를 원망하거나 비난하지 않았습니다. 오히려 "그 의사 선생님을 만나면, 이 세상에서 가장 놀랍고 귀한 일을 했다고 감사의 말을 전하겠어요."라고 했습니다. 화니는 자신의 시력을 잃은 것이 하나님의 축복이자 섭

리라고 생각했던 것입니다.

화니의 어린 시절, 외할머니가 그녀의 눈이 되어 주었습니다. 외할머니는 순수하고 경건한 신앙인으로서, 주님에 대한 확고한 믿음을 가지고 있었습니다. 어린 화니와 할머니는 자주 한적한 교외를 거닐었습니다. 할머니는 화니가 볼 수는 없지만 만지고, 냄새 맡고, 맛을 보면서 경험할 수 있는 아름다운 세상에 대해 최대한 자세히 설명해 주었습니다. 그래서 그녀는 정상적인 사람들과 똑같이 볼 수는 없지만, 환상을 통해 멋진 자연을 꿈꿀 수 있었습니다.

화니는 대중이 함께 부를 수 있는 찬송시를 쓰는 것이 꿈이었습니다. 그녀는 시를 쓸 수 있도록 놀라운 재능을 주신 하나님께 감사하고 그 일을 통하여 큰 기쁨을 누렸습니다.

어느 날 목사님이 화니를 찾아와, 주님께서 그녀에게 많은 은사들을 주셨는데, 왜 시력은 주시지 않으셨는지 궁금하지 않느냐고 물었습니다. 그러자 화니가 대답했습니다.

"목사님, 저는 하나님께서 제 눈을 뜨게 해주시기를 원치 않아요. 왜냐하면 저는 제가 처음 보게 될 분이 바로 주님이시길 원하거든요."

또 어떤 성도가 그녀에게 물었습니다.

"당신이 처한 상황을 볼 때 감사하기가 힘들 것 같은데, 무엇이 늘 그렇게 감사로 가득 차게 하나요?"

그녀는 이렇게 대답했습니다.

"감사의 조건들은 아주 많습니다. 그렇지만 내가 그리스도인이라는 단 한 가지 이유만으로도 나는 충분히 감사할 수 있답니다."

행복은 감사하는 마음속에서 자란다

    자신의 삶에 만족한다는 것은 참으로 행복한 일입니다. 즐거운 마음으로 이웃을 만날 수 있다는 것 역시 행복한 일입니다. 행복은 자신의 삶 속에서 발견하는 것이요 느끼는 것입니다.

  성공해서 감사하고 행복한 것이 아니라 먼저 감사해서 행복해 하면 성공은 저절로 따라오게 됩니다. 그래서 감사와 행복도 하나의 성공의 기술이라 말할 수 있습니다.

  높은 학력과 좋은 환경과 돈이 많은 부자이면서도 불행한 사람이 있고, 가난해서 공부도 하지 못하고 어렵게 사는 사람이지만 행복한 사람도 있습니다. 감사를 아는 사람은 비록 가난해도 부자로 살 수 있고, 감사를 모르는 사람은 많이 가졌어도 가난합니다. 행복하려거든 감사함에 눈 떠야 합니다. 내가 살아 있는 사실에 감사하고, 내가 사랑하는 가족에 감사하고, 작은 일에도 보람을 찾으면 행복하고 감사한 인생이 되는 것입니다.

마지막 남길 말

독일의 한 병원에서 설암에 걸려 끝내 혀를 잘라내야만 하는 환자가 있었습니다. 마취주사를 손에 든 의사가 잠시 머뭇거리면서 말했습니다.

"마지막 남길 말씀은 없습니까?"

혀를 사용해서 자신의 의사를 표현할 수 있는 마지막 순간이었습니다. 그는 한참 동안 말문을 열지 못하고 깊은 생각에 잠겼습니다. 주위에 둘러서 있던 사람들도 숙연히 환자의 마지막 한마디가 무엇일지 생각하며 숨을 죽이고 있었습니다. 이윽고 그의 눈에서 눈물이 주르륵 흘러내렸습니다. 그리고 그는 천천히 입술을 열어서 떨리는 목소리로 마지막 말을 남겼습니다.

"주님, 감사합니다!"

33센티미터의 감사

단란하게 사는 한 가족이 있었습니다. 그 가족은 8평 8홉인 가게를 세내어 3평 조금 넘는 좁은 방에서 살았습니다. 그 방에 작은 농 하나, 싱크대, 그리고 아빠의 보물 1호인 오디오, 시집 오기 전에 구입한 엄마의 보물 1호인 피아노, 그리고 텔레비전이 놓여 있었습니다. 하지만 집이 너무 좁아 결국에는 피아노를 친척 집에 보내고 말았지요.

어느 날 밤 가재도구들이 널려 있는 좁은 방에 네 가족이 겨우 몸을 포개어 나란히 누웠습니다. 그런데 가로로 누워 자면, 키가 큰 아빠는 편하게 누울 수 있지만 네 식구 누워 자기에는 너무 좁았고, 세로로 누우면 다른 식구들은 편히 누울 수 있지만 아빠는 새우잠을 자야 하는 형편이었습니다. 가족은 둘러앉아 편히 잘 수 있는 방법을 모색했습니다.

오랜 고민 끝에 싱크대와 오디오 사이에 있는 33센티미터의 공간을 발견했습니다. 그곳을 향해 다리를 뻗고 누우면 새우잠을 자지 않아도 되었습니다. 아빠는 두 다리를 쭉 뻗고 잘 수 있는 공간이 있다는 사실에 감사했습니다.

이제는 넓은 집으로 이사해서 그런 고민을 할 필요가 없게 됐지만, 아빠는 작은 일에도 쉽게 불평하는 자신의 모습을 보면서 작은 일에 감사하며 행복했던 그 시절이 그리워지곤 합니다. 진정한 감사는 환경에 따른 것이 아니라 마음이 가난해질 때 드릴 수 있나 봅니다.

알렌 선교사의 헌신

　　1884년 9월, 미국 공사관의 의사로 서울에 부임한 알렌 선교사는 부임 석 달 만에 갑신정변을 만났습니다. 명성왕후의 조카인 민영익이 온몸에 난도질을 당해 거의 죽은 목숨이나 다름없는 상태로 알렌을 찾아왔습니다. 의료 선교사인 알렌은 서양의학의 기술을 총동원하여 몇 달 동안에 걸쳐 시술을 거듭한 끝에 민영익을 살려냈습니다. 겨우 목숨을 건진 민영익은 생명의 은인인 알렌을 위해서라면 자신이 할 수 있는 모든 도움을 아끼지 않기로 결심했습니다.

　　그 소문이 조선팔도에 퍼지면서 알렌은 최고의 명의로 인정을 받게 되었습니다. 당시 대원군이 주도했던 쇄국정책으로 선교사가 서양 병원을 개원한다는 것은 꿈도 꿀 수 없는 일이었습니다. 그런데 고종황제가 직접 나서 처조카 민영익을 살려 준 것을 감사하며 1885년 4월 10일에 한국 최초의 서양 병원인 광혜원을 설립하도록 배려해 주었습니다. 그때부터 광혜원을 찾는 환자가 하루에 300여 명이 넘었습니다.

어느 날 일본군의 총에 맞아 실명 위기에 처한 한 청년이 광혜원에 실려 왔고, 알렌은 정성스럽게 청년을 치료해 주었습니다. 건강을 되찾은 청년은 은혜를 갚기 위해 평생 알렌의 종이 되겠다고 자청하였습니다. 아무리 말려도 포기하지 않자, 할 수 없이 알렌은 그를 받아 주었고, 그 청년은 알렌의 가르침을 받아 후에 한국 최초의 서양의학도가 되었습니다.

절망을 뛰어넘는 감사

옥스퍼드 대학에 다니던 한 학생에게 갑자기 이상한 증세가 일어났습니다. 손이 떨리고 말이 제대로 나오지 않고 근육이 오그라드는 근육무력증이라는 병이었습니다. 담당의사는 2년 이상 살 수 없다는 진단을 내렸습니다. 그러나 그는 절망하지 않았습니다.

"나는 오늘 죽을지 내일 죽을지 모른다. 그러나 내가 오늘 살아 있다는 것, 그 자체만으로 하나님께 감사할 따름이다."

그는 남은 2년의 기간 동안 자신이 할 수 있는 보람된 일이 무엇일까 고민하다가 열심히 학업에 몰두하기로 했습니다. 그런데 2년이라는 세월이 흘렀지만 그는 죽지 않았습니다. 그의 학업에 대한 열정은 지속됐고, 드디어 그는 물리학 박사 학위를 받게 되었습니다. 물리학계 최고의 상이라는 슈바이

처 상도 받았고, 케임브리지 대학에서 학자로서는 최고직인 3대 루카시언 교수가 되었습니다. 의사가 말한 2년이 훨씬 지나 40년을 넘어섰지만 그는 지금까지 살아서 보람찬 활동을 하고 있습니다.

그는 바로 <시간의 역사>를 쓴 스티븐 호킹 박사입니다.

우리는 보람된 일을 추구하는 삶이 절망을 이기게 하며 생명까지도 연장할 수 있다는 사실을 스티븐 호킹 박사를 통해 배우게 됩니다. 절망에서도 좌절하지 않고 일어서는 용기가 바로 희망을 가져다줍니다.

항상 감사하세요

"옷이 몸에 좀 끼면,
그것은 잘 먹고 잘 살고 있다는 것이니 감사하라.
잔디를 깎아야 하고, 유리창을 닦고, 하수구를 고쳐야 한다면,
나에게 집이 있다는 것이니 감사하라.
정부에 대한 불평과 불만의 소리가 많이 들리면,
그것은 언론의 자유가 있다는 것이니 감사하라.
세금을 납부해야 한다면,
나에게 할 일이 있다는 것이니 감사하라.
아파트 주변에 주차장이 없어서 불편하다면,
그것은 나에게 차가 있다는 것이니 감사하라.
전기 값과 난방비가 많이 나왔다면,

그것은 따뜻하게 살고 있다는 것이니 감사하라.

세탁물이 많고 다림질할 옷이 쌓였다면,

그것은 내게 옷이 많다는 것이니 감사하라.

이른 아침 새벽 자명종 소리에 놀라 깼다면,

그것은 내가 살아 있다는 증거니 감사하라.

모임을 가진 후에 치울 것들이 많다면,

그것은 친구들과 즐거운 시간을 가진 것이니 감사하라."

믿음의 눈으로 바라보라

스펙포드는 절망적인 상황에서도 하나님 앞에 기뻐하고 찬송하며 감사했던 사람입니다. 변호사이며 법의학 교수였던 그는 무디 목사가 시무하는 교회의 집사였습니다. 시카고 대화재 때 재산을 모두 날리고, 부인과 네 자녀를 유럽으로 보내기 위해 태운 배가 충돌하여 자녀를 모두 잃게 됩니다. 살아 남은 부인을 만나러 가면서, 그는 찬송가 470장 '내 평생에 가는 길'을 부르면서 감사했습니다.

세상을 믿음의 눈으로 바로 볼 수 있다면 달라집니다. 하나님의 능력이 얼마나 큰지를 안다면, 하나님이 나를 얼마나 사랑하시는지를 안다면, 우리는 하나님께 감사할 수밖에 없습니다. 믿음의 눈이 감사를 낳기 때문입니다.

지금 불평할 것들로 가득 차 있습니까? 그렇다면 이렇게 기도해 보세요.

"하나님, 불평하지 않도록
저에게 믿음의 눈을 허락하여 주옵소서.
내 입술에서, 내 삶 속에서,
내 생각과 마음을 주장하여 주셔서
언제나 감사가 넘쳐나게 하옵소서!"

무명 시인의 감사기도

때때로 병들게 하심을 감사합니다.
인간의 약함을 깨닫게 해주시기 때문입니다.

가끔 고독의 수렁에 내던져 주심을 감사합니다.
그것은 주님과 가까워지는 기회입니다.

일이 계획대로 안 되게 틀어 주심도 감사합니다.
그래서 나의 교만을 반성할 수 있습니다.

아들딸이 걱정거리가 되게 하시고
남편이 미워질 때도 있게 하시고
부모와 동기가 짐으로 느껴질 때도 있게 하심을 감사합니다.

그래서 인간된 보람을 깨닫기 때문입니다.

먹고사는 데 힘겹게 하심을 감사합니다.
눈물로 빵을 먹는 심정을 이해할 수 있기 때문입니다.

때때로 허탈하고 허무하게 하심을 감사합니다.
영원에 접근할 수 있는 기회니까요.

불의와 허위가 득세하는 시대에 태어난 것도 감사합니다.
주님의 의가 분명히 드러나기 때문입니다.

땀과 고생의 잔을 맛보게 하심을 감사합니다.
그래서 주님의 사랑을 깨닫기 때문입니다.

주님!
감사할 수 있는 마음을 주심을
감사합니다.

행복에 이르는 길

1. 큰 것보다 작은 것을 감사하라.
2. 미래보다 현재를 감사하라.
3. 가장 가까운 사람에게 감사하라.
4. 감사로 눈을 뜨고 잠자리에 들 때 감사하라.
5. 날마다 반복되는 소소한 일상을 감사하라.
6. 무슨 일이든 당연하게 생각하지 말고 의식적으로 감사하라.
7. 입술에서 감사 찬양이 떠나지 않게 하라.
8. 다른 사람에게 먼저 감사하라.
9. 하루에 100번 이상 감사하라.
10. 평생감사를 가훈으로 삼아라.

사명선언문

너희가 흠이 없고 순전하여……세상에서 그들 가운데 빛들로
나타내며 생명의 말씀을 밝혀 _ 빌 2:15-16

1. 생명을 담겠습니다
만드는 책에 주님 주신 생명을 담겠습니다.
그 책으로 복음을 선포하겠습니다.

2. 말씀을 밝히겠습니다
생명의 근본은 말씀입니다.
말씀을 밝혀 성도와 교회의 성장을 돕겠습니다.

3. 빛이 되겠습니다
시대와 영혼의 어두움을 밝혀 주님 앞으로 이끄는
빛이 되는 책을 만들겠습니다.

4. 순전히 행하겠습니다
책을 만들고 전하는 일과 경영하는 일에 부끄러움이 없는
정직함으로 행하겠습니다.

5. 끝까지 전파하겠습니다
모든 사람에게, 땅 끝까지, 주님 오시는 그날까지
복음을 전하는 사명을 다하겠습니다.

서점 안내

광화문점　서울시 종로구 새문안로 69 구세군회관 1층
　　　　　02)737-2288(T) 02)737-4623(F)

강남점　서울시 서초구 신반포로 177 반포쇼핑타운 3동 2층
　　　　02)595-1211(T) 02)595 3549(F)

구로점　서울시 구로구 시흥대로 577 3층
　　　　02)858-8744(T) 02)838-0653(F)

노원점　서울시 노원구 동일로 1366 삼봉빌딩 지하 1층
　　　　02)938-7979(T) 02)3391-6169(F)

분당점　경기도 성남시 분당구 황새울로 315 대현빌딩 3층
　　　　031)707-5566(T) 031)707-4999(F)

신촌점　서울시 마포구 서강로 144 동인빌딩 8층
　　　　02)702-1411(T) 02)702-1131(F)

일산점　경기도 고양시 일산서구 중앙로 1391 레이크타운 지하 1층
　　　　031)916-8787(T) 031)916-8788(F)

의정부점　경기도 의정부시 청사로47번길 12 성산타워 3층
　　　　　031)845-0600(T) 031) 852-6930(F)

인터넷서점　www.lifebook.co.kr